BEI GRIN MACHT SICH IHR WISSEN BEZAHLT

- Wir veröffentlichen Ihre Hausarbeit,
  Bachelor- und Masterarbeit

- Ihr eigenes eBook und Buch -
  weltweit in allen wichtigen Shops

- Verdienen Sie an jedem Verkauf

Jetzt bei www.GRIN.com hochladen
und kostenlos publizieren

Patrice Philippe Toussaint

Aus der Reihe: e-fellows.net stipendiaten-wissen

e-fellows.net (Hrsg.)

Band 632

Ethisch-philosophische Betrachtungen der Todesstrafe

GRIN Verlag

Bibliografische Information der Deutschen Nationalbibliothek:

Die Deutsche Bibliothek verzeichnet diese Publikation in der Deutschen National-
bibliografie; detaillierte bibliografische Daten sind im Internet über http://dnb.d-
nb.de/ abrufbar.

Dieses Werk sowie alle darin enthaltenen einzelnen Beiträge und Abbildungen
sind urheberrechtlich geschützt. Jede Verwertung, die nicht ausdrücklich vom
Urheberrechtsschutz zugelassen ist, bedarf der vorherigen Zustimmung des Verla-
ges. Das gilt insbesondere für Vervielfältigungen, Bearbeitungen, Übersetzungen,
Mikroverfilmungen, Auswertungen durch Datenbanken und für die Einspeicherung
und Verarbeitung in elektronische Systeme. Alle Rechte, auch die des auszugsweisen
Nachdrucks, der fotomechanischen Wiedergabe (einschließlich Mikrokopie) sowie
der Auswertung durch Datenbanken oder ähnliche Einrichtungen, vorbehalten.

Impressum:

Copyright © 2012 GRIN Verlag GmbH
Druck und Bindung: Books on Demand GmbH, Norderstedt Germany
ISBN: 978-3-656-36911-0

Dieses Buch bei GRIN:

http://www.grin.com/de/e-book/208269/ethisch-philosophische-betrachtungen-der-
todesstrafe

GRIN - Your knowledge has value

Der GRIN Verlag publiziert seit 1998 wissenschaftliche Arbeiten von Studenten, Hochschullehrern und anderen Akademikern als eBook und gedrucktes Buch. Die Verlagswebsite www.grin.com ist die ideale Plattform zur Veröffentlichung von Hausarbeiten, Abschlussarbeiten, wissenschaftlichen Aufsätzen, Dissertationen und Fachbüchern.

Besuchen Sie uns im Internet:

http://www.grin.com/

http://www.facebook.com/grincom

http://www.twitter.com/grin_com

Todesstrafe – Hausarbeit Ethik – Patrice Toussaint

Inhaltsverzeichnis

Einleitung

Die Todesstrafe – ein äußerst kontroverses Thema, welches vielfach emotionale Reaktionen hervorruft. Dabei spielen sowohl die Situationen der Opfer von Straftaten als auch von Straftätern eine Rolle und sind häufig der Auslöser für Grundsatzdiskussionen. Um ein solch komplexes Thema zumindest in Teilen zu untersuchen, ist es notwendig, einige grundsätzliche Fragen zu stellen, die nicht nur die Todesstrafe als solche tangieren, sondern vielmehr weit über die reine Strafe heraus gehen und Problemstellungen unserer Gesellschaft enthalten.

Wozu dient die Strafe? Was sind die Rechte von Straftätern? Wer entscheidet wie gestraft wird? Wie funktioniert Bestrafung? Welche Interessen müssen balanciert werden? Wer entscheidet über das Strafmaß?

Diese Fragen, die sich hauptsächlich mit weltanschaulichen Aspekten und Wertvorstellungen, aber auch in Teilen mit Mechanismen rationalen menschlichen Handelns verbinden lassen, sind der Leitfaden, an welchem sich jede Argumentation orientieren muss, um eine hinreichende Betrachtung zu gewährleisten. Individuell muss jedoch, um eine umfassende Einschätzung zu erlauben, eine Einordnung in kulturelle Kontexte erfolgen, um eine dialektische Vorgehensweise zu ermöglichen.

Im Folgenden soll zunächst ein Abschnitt folgen, der sich mit (globalen) Fakten zur Todesstrafe auseinandersetzt und dabei differenziert nach lokalen Rechtssysteme, kulturell-moralischen Hintergründe, sowie Methoden zusammenfasst, die Methoden werden in diesem Zusammenhang nicht weiter betrachtet.

Nach diesem vorbereitenden Abschnitt wird die Betrachtung der Todesstrafe aus der Position verschiedener Ansätze heraus erfolgen, dabei betrachtet werden sollen ein Utilitaristischer Ansatz mit anschließendem Verhaltensökonomischen Ansatz mit Bezug zu den Ansätzen von Gary S. Becker, eine Position im Sinne des Kant'schen kategorischen Imperativs, Aristoteles' Tugendethik sowie eine persönliche Position Peter Singers und meine persönliche Sicht.

Todesstrafe im globalen Kontext

Daten

Folgende Daten zur Todesstrafe entstammen den Beständen von Amnesty International und sind insofern nicht als absolute Wahrheit, sondern vielmehr als Richtgrößen zu sehen. Es gibt keine zentralen, exakten Statistiken zur Todesstrafe weltweit, da massive politische und kulturelle Barrieren keine klaren Aussagen zu den individuellen Zahlen zulassen. Außerdem ist die Position von Amnesty International stark linear und insofern sind die Daten nur bedingt als Argumentationsgrundlage geeignet, da es sich teilweise um Schätzungen handelt und die Daten sich auf das Jahr 2010 beziehen, da Daten für 2011 noch nicht veröffentlicht wurden.

- 96 Staaten haben die Todesstrafe vollständig abgeschafft.
- 9 Staaten sehen die Todesstrafe nur noch für außergewöhnliche Straftaten wie etwa Kriegsverbrechen oder Vergehen nach Militärrecht vor.
- 34 Staaten haben die Todesstrafe in der Praxis, aber nicht im Gesetz abgeschafft.
- 58 Staaten halten weiterhin an der Todesstrafe fest.
- 2010 mindestens 527 Hinrichtungen in 23 Ländern (exkl. VR China)
- 2010 mehr als 2000 Todesurteile ausgesprochen

Länder, die die Todesstrafe nur noch im Ausnahmerecht (z.B. Kriegsrecht) erlauben

Bolivien, Brasilien, Chile, El Salvador, Fiji, Israel, Kasachstan, Peru, Tunesien

Länder, die die Todesstrafe noch nicht abgeschafft haben (Jeweilige Hintergründe bei Einzelnen):

Algerien, Benin, Brunei, Burkina Faso, Eritrea, Gambia, Ghana, Grenada, Kamerun, Republik Kongo, Laos, Liberia, Madagaskar, Malediven, Mali, Marokko, Malawi, Mauretanien, Nauru, Niger, Papua-Neuguinea, Sambia, Sri Lanka, Süd-Sudan, Suriname, Swasiland, Tadschikistan, Tansania, Tonga, Zentralafrikanische Republik, Ägypten, Äquatorialguinea, Äthiopien, Afghanistan, Antigua und Barbuda, Bahamas, Bahrain, Bangladesch, Barbados, Belize, Botsuana, Dominica, Guatemala, Guinea, Guyana, Jamika, Jemen, Jordanien, Komoren, Demokratische Republik Kongo, Kuwait, Lesotho, Libanon, Libyen, Nigeria, Oman, Pakistan, Palästinensische Autonomiegebiete, Sierra Leone, Simbabwe, Somalia, St. Kitts und Nevis, St. Lucia, St. Vincent und die Grenadinen, Sudan, Syrien, Thailand, Trinidad und Tobago, Tschad, Uganda, VAE, Vietnam, Weißrussland

Hinrichtungsmethoden

Heute übliche Hinrichtungsmethoden sind vor allem der Elektrische Stuhl, die Enthauptung, das Erhängen, die Erschießung, die Steinigung sowie die Gaskammer und die Giftspritze.

Globales Verfahren mit der Todesstrafe an ausgewählten Beispielen

China

In der Volksrepublik China werden keine Zahlen über die Hinrichtungen von Straftätern veröffentlicht. Amnesty International schätzt, dass in China jedes Jahr mehrere tausend Hinrichtungen vollzogen werden. In China erfolgt die Hinrichtung durch Erschießung oder eine Giftspritze. Verbrechen, auf die die Todesstrafe verhängt werden kann sind z.B. Behinderung militärischer Operationen, Bestechung, Desertation bzw. Fahnenflucht, Diebstahl von Benzin, Mord, Plünderung archäologischer Ruinen und

Gräber, schwerer Körperverletzung, schwerer Gemüsediebstahls, Vergewaltigungen, Zerstörung von Staudämmen, Steuerbetrug, Umsturzversuche oder Zuhälterei. Obwohl China diese Liste von Kapitalverbrechen in den letzten Jahren verändert hat, als dass viele Verbrechen nicht mehr mit der Todesstrafe geahndet werden können, ist die Volksrepublik das Land, in dem weltweit die meisten Menschen hingerichtet werden, was jedoch durch die Bevölkerungszahl z.T. relativiert werden muss (siehe Singapur). Vor allem auch Drogendelikte können in China zur Todesstrafe führen, was auch mit der historischen Situation in Verbindung steht, insofern als dass die Opiumkriege bzw. der Opiumhandel in China nach wie vor im kollektiven Gedächtnis verankert sind.

Saudi-Arabien

Da Saudi-Arabien die Scharia verfassungsmäßig festgeschrieben hat, werden hier Urteile wegen religiöser Verbrechen ausgesprochen, so z.b. Gotteslästerung, Koranschändung oder dem Abfall vom Islam, da diese gleichzeitig auch als Angriff auf die staatliche Ordnung gelten. Diese Verbrechen werden jedoch nur bei Männern mit dem Tode bestraft, während für Frauen eine lebenslange Haftstrafe vorgesehen ist. Außerdem kann die Todesstrafe bei Mord, Ehebruch, Homosexualität, Vergewaltigung oder Prostitution, aber auch bei Drogenhandel, schweren Raubüberfällen sowie Konsum und Handel mit Alkohol verhängt werden. In Saudi-Arabien wird als Hinrichtungsmethode die Enthauptung angewendet, diese erfolgt mit dem Schwert. Die Todesstrafe kann abgewendet werden, wenn sich alle (männlichen) Mitglieder der Opferfamilie dazu entscheiden, dem Täter zu vegeben. Laut Amnesty International wurden 2010 mehr als 27 Menschen in Saudi-Arabien hingerichtet.

Singapur

In Singapur wurden zwischen 1990 und 2005 laut offiziellen Zahlen etwa 420 Menschen hingerichtet. Als Hinrichtungsmethode wird hier das Erhängen angewendet. Der Stadtstaat vollstreckt im Verhältnis zur Einwohnerzahl die meisten Todesurteile. Die Todesstrafe ist in Singapur bei einigen Verbrechen zwingend vorgeschrieben. Dazu zählen Mord, Mordauftrag, illegaler Schusswaffengebrauch, Landesverrat und Drogenhandel. Bereits der Besitz geringer Mengen illegaler Drogen kann zur Todesstrafe führen, zumal hier nicht wie z.B. in den USA ein Ermessensspielraum für den Richter bleibt. Auch ausländische Staatsbürger wurden in Singapur bereits wegen Drogenbesitzes hingerichtet. Bei Drogendelikten gilt in Singapur die umgekehrte Beweislast.

USA

Die Vereinigten Staaten richteten 2010 46 Menschen hin. Je nach Bundesstaat gelten individuelle verschiedene Regelungen in Bezug auf die Todesstrafe, in einigen Bundesstaaten ist die Todesstrafe abgeschafft. Generell können folgende Hinrichtungsmethoden in den USA zur Anwendung kommen: Die Giftspritze, der elektrische Stuhl, die Gaskammer, das Erhängen, sowie die Erschießung. Die vorherrschende Methode ist die tödliche Injektion, wobei auch der elektrische Stuhl durchaus noch eingesetzt wird. In den USA bzw. einigen Bundesstaaten kann die Todesstrafe allgemein nur dann angewendet werden, wenn es sich bei dem Straftatbestand um einen Mord ersten Gerades unter erschwerenden Bedingungen, wie z.B. ein Mord mit mehreren Opfern, Auftragsmord oder einen besonders grausamen Mord, handelt. Verglichen mit anderen Staaten und gemessen an ihrer Einwohnerzahl wird die Todesstrafe in den USA relativ selten verhängt, die Todesstrafe wird in den USA häufig unter dem Aspekt der Abschreckung gerechtfertigt.

Verschiedene Rechtssysteme und die Rolle der Todesstrafe in ihnen

Menschenrechte

Im Grunde genommen kann man die Menschenrechte nicht als Rechtssystem auffassen, da sie vorstaatlich und allgemein für alle Menschen gültig sind, also, im Idealfall, die Grundlage für Rechtssysteme darstellen, die das Zusammenleben von Menschen regeln. Die Festschreibung von Menschenrechten ist ein Phänomen des 20. Und 21. Jahrhunderts, obwohl die Idee von Menschenrechten wesentlich älter ist und sich daraus motiviert, dass die Menschen insofern gleich sind, als dass bestimmte Rechte unabhängig für jeden Menschen gelten müssen, um die grundsätzliche Existenz des Menschen zu sichern bzw. da Menschen bestimmte ungeschriebene Regeln unabhängig voneinander befolgen und es sich insofern um „Naturgesetze" handelt. Erste Ansätze der Festschreibung von Menschenrechten, jedoch nicht vergleichbar mit der Universalität modernerer Abfassungen, waren die Magna Carta 1215 im Vereinigten Königreich, die Verfassung der USA sowie die Französische Erklärung der Menschen- und Bürgerrechte 1789. Die UN Menschenrechtscharta von 1948 ist die „Allgemeine Erklärung der Menschenrechte" und ist das universelle Bekenntnis der Vereinten Nationen zum Grundsatz der Gleichheit aller Menschen, unabhängig von Faktoren wie Ethnie oder Stand. Artikel 3 der UN Menschenrechtscharta sagt aus, dass jeder das „Recht auf Leben" hat. Mit diesem Artikel und auch dem Konzept der Menschenrechte, in welchem das Leben den höchsten Wert hat, ist die Todesstrafe nicht vereinbar. Wenn man die Menschenrechte also als Maßstab ansetzt, so handelt es sich bei der Todesstrafe um einen Verstoß gegen diese.

Das Grundgesetz der Bundesrepublik Deutschland

Das deutsche Grundgesetz ist eindeutig in Bezug auf die Todesstrafe, denn Artikel 102 sagt aus „Die Todesstrafe ist abgeschafft". Insofern wäre die Todesstrafe ohne Verfassungsänderung in der Bundesrepublik Deutschland verfassungswidrig. Interessanterweise lässt die Landesverfassung des Bundeslandes Hessen die Todesstrafe in Artikel 21 zu, dieser kommt jedoch nicht zu tragen, da das Grundgesetz der Landesverfassung übergeordnet ist. Dieser scheinbare Konflikt kam dadurch zustande, dass die Landesverfassung Hessens vor dem Grundgesetz ausgearbeitet wurde und in Kraft trat.

Die Scharia

Die Scharia ist das religiöse Gesetz des Islam, wird jedoch auch in einigen Ländern als allgemeine Rechtsgrundlage angewendet. Es handelt sich weniger um eine Sammlung von Gesetzen, als vielmehr um ein Regel-Konstrukt, welches sich aus dem Koran sowie den Taten des Prohpeten Mohammed ableitet. Das islamische Recht sieht die Todesstrafe als Möglichkeit bei Mord, Vergewaltigung und Verstößen gegen Moralvorschriften, so z.B. Ehebruch, Sodomie und wiederholtem Alkoholkonsum. Bei Verstoß gegen die Sexualnormen ist außerdem die Steinigung als Form der Todesstrafe vorgesehen. Im Iran, im Jemen, in Nigeria, in Pakistan sowie in Saudi-Arabien, den VAE und dem Sudan findet diese Art der Hinrichtung noch Anwendung. Im Iran ist die Scharia, ausgelöst durch die Iranische Revolution 1979, die Gesetzesgrundlage.

Argumentationen zur Todesstrafe

Der kategorische Imperativ

Um die Todesstrafe mit den Maßstäben des kategorischen Imperativs zu bewerten, muss sich der Betrachter darüber im Klaren werden, was die Kernaussage bzw. die Formeln, die Immanuel Kant aufgestellt hat sind (Im Folgenden wird nur auf drei der vier Bezug genommen). „Handle nur nach derjenigen Maxime, durch die du zugleich wollen kannst, dass sie ein allgemeines Gesetz werde.", auch Universalisierungsformel genannt, „Handle so, dass du die Menschheit sowohl in deiner Person, als in der Person eines jeden anderen jederzeit zugleich als Zweck, niemals bloß als Mittel brauchst.", auch Selbstzweckformel genannt sowie die Naturgesetzformel, „Handle so, als ob die Maxime deiner Handlung durch deinen Willen zum allgemeinen Naturgesetze werden sollte." (Aussagen zitiert von http://de.wikipedia.org/wiki/Kategorischer_Imperativ). Außerdem von entscheidender Bedeutung ist der Ansatz Kants, den menschlichen Willen als autonom zu betrachten, was bedeutet, dass der Wille, unabhängig von seinen Inhalten an sich ein Gesetz ist und da dieser Wille in Einklang mit den Formeln des kategorischen Imperativs stehen sollte ergibt sich, dass der Wille des Menschen eigenständig ist, da er sich selbst zum Gesetz gereicht. Aus diesen beiden Ansätzen lässt sich das Recht auf Leben ableiten, denn die Maxime meiner Handlung, mein Wille es ist, zu leben, ist eine grundsätzliche Einstellung des Menschen, die den Erhalt des Lebens zum Ziel hat, was bedeutet, dass ich so handle das mein Wille zu Leben zu allgemeinem Gesetz werden könnte. Auch kann ich wollen, dass mein Wille zu Leben zu einem allgemeines Naturgesetz (Bezug auf Menschenrechte, insofern als dass diese im Grunde Naturrechte sind) wird, in Form des Rechts auf Leben. Zusätzlich lässt sich ableiten, dass, wenn der Wille des Menschen zu Leben gleichzeitig Gesetz ist, der Mensch zugleich Zweck ist, da der Wille autonom ist, und Mittel, unabhängig von äußeren Umständen. Der menschliche Wille zu Leben ist konsistent mit dem kategorischen Imperativ und ist damit gleichzeitig Zweck, zur Erhaltung, und somit allgemeines (Natur-)-Gesetz. Insofern ist schon von dieser Seite betrachtet die Todesstrafe nicht mit dem kategorischen Imperativ vereinbar. Nun ist es jedoch notwendig, auch eine direkte Überprüfung vorzunehmen: Gehen wir also davon aus, auf Mord würde die Todesstrafe folgen. Kann ich wollen, dass es zum allgemeinen Gesetz werde, dass Mörder hingerichtet werden? Nein, weil dies die Autonomie des Willens verletzen würde, denn der Mörder hat den Willen zu leben, zur Selbsterhaltung, womit sein Willen, wie oben erläutert, mit dem kategorischen Imperativ zu rechtfertigen und damit autonom ist. Außerdem ist der Straftäter im Falle der Todesstrafe nur noch Mittel, aber nicht zugleich Zweck, denn seine Hinrichtung ist zwar das Mittel zu einem Zweck, die Hinrichtung und damit der Straftäter sind jedoch niemals gleichzeitig Mittel und Zweck, womit nach Kant die Todesstrafe nicht zu rechtfertigen ist. Es wird deutlich, dass der kategorische Imperativ nicht mit der Todesstrafe vereinbar ist und insofern auch Grundlagen zur Rechtfertigung der Menschenrechte bietet.

Allgemein Utilitaristischer Ansatz

Wenn nun ein allgemein utilitaristischer Ansatz zur Evaluierung der Sinnhaftigkeit der Todesstrafe gewählt werden soll, so ist es zunächst notwendig, den grundsätzlichen Konflikt des Utilitarismus zu erkennen: Pain vs. Pleasure. Etwas ist gut, wenn die quantifizierte, aufsummierte „Menge" an Freude, die durch sie hervorgerufen wird größer ist als die quantifizierte, aufsummierte „Menge" an Schmerz. Damit wird eindeutig ausgesagt, dass die Todesstrafe aus utilitaristischer Sicht nur dann gerechtfertigt sein kann, wenn sie eine positive Bilanz hervorruft. Nun hat die Todesstrafe verschiedene Auswirkungen, die verschiedene Effekte hervorrufen. Primär interessant sind jedoch im ersten Schritt die Gründe für die Todesstrafe, also die mögliche Abschreckung, der Schutz vor weiterer Gefahr und auch der Aspekt der Vergeltung, insofern er denn quantifzierbare Effekte auf der Schmerz-Freude-Skala hervorruft. Beginnen wir also mit der Betrachtung der Abschreckung. Es gibt empirische Hinweise darauf, dass die Todesstrafe abschreckende Wirkung hat, insofern als dass ein Verhältnis gebildet werden kann: Für jeden Hingerichteten, werden eine bestimmte Anzahl von anderen potenziellen Straftätern davon abgehalten, diese Straftat zu verüben. Ab einer bestimmten Anzahl von „Geretteten" wird damit die Todesstrafe, die dann erwiesenermaßen Abschreckungseffekte hervorruft, von utilitaristischer Warte aus unausweichlich, da sie wesentlich mehr positive Effekte bedingt, als dass sie negative Effekte verursacht. Komplizierter wird diese Rechnung jedoch dann, wenn, theoretisch, nur ein Opfer pro Hinrichtung durch Abschreckung verschont bliebe. In diesem Falle müsste eine Analyse erfolgen, welches Leben einen höheren Wert hat. Da dies äußerst schwierig ist und aus der Sicht einiger Parteien moralisch verwerflich, wäre eine Aussage oberflächlich gesehen schwierig. Es würde jedoch kaum jemand, bei Anlegen des utilitaristischen Maßstabes, wiedersprechen, dass das Leben eines Opfers, oftmals Menschen mit „funktionierenden" Leben, mehr Wert ist, als das Leben eines Mörders, was bedeuten würde, dass bei Anwenden des Gesetztes großer Zahlen, insgesamt ein Netto-Wohlfahrtsgewinn durch die Hinrichtung realisiert wird, womit die Todesstrafe gerechtfertigt wäre. Problematisch ist jedoch, dass die Theorie objektive, eindeutige quantitative Aussagen verlangt, die jedoch erst einmal durch Anlegen eines moralischen Maßstabes ermittelt werden müssen. Es wäre also durchaus wahrscheinlich, dass eine utilitaristische Betrachtung in Bezug auf Abschreckung zu dem Ergebnis führt, dass die Todesstrafe gerechtfertigt ist, jedoch müssen in Bezug auf bestimmte Delikte externe Effekte beachtet werden (siehe „marginale Abschreckung" in „Verhaltensökonomischer Ansatz"). Der zweite Hintergrund der Todesstrafe wäre der Schutz vor weiterer Gefahr. In Bezug auf die Gefahr durch den Straftäter ist jedoch schnell festzustellen, dass auch eine „echte", also tatsächlich lebenslange Gefängnisstrafe diese Schutzfunktion gegenüber der Gesellschaft erfüllen würde. In Bezug auf den Schutz vor Gefahr in Bezug auf andere Täter ist dann die Situation der Abschreckung gegeben, die oben besprochen wurde. Am kompliziertesten zu betrachten ist nun die Frage der Vergeltung, da diese eine grundsätzlich irrationale ist und damit der Bestrebung des Utilitarismus konkrete Werte zu bestimmten eigentlich entgegensteht. Deshalb ist es notwendig, nicht nur die „Freude" oder den „Schmerz" durch die Vergeltung selbst zu betrachten, sondern auch die direkt durch sie ausgelösten Effekte. Im privaten Rahmen, also in der Opfer-Täter-Beziehung, aber auch im öffentlichen Rahmen. In der Täter-Opfer-Beziehung ergibt sich ein relatives klares Bild, in welchem das Opfer Schmerz erleidet und der Täter „Freude" bzw. irgendeine Art von Vorteil, auch wenn dieser rein psychisch ist, denn ansonsten würde er die Tat nicht ausführen. Nun orientiert sich Vergeltung als Anspruch an dem u.a. alt-testamentarischen Ansatz „Auge um Auge, Zahn um Zahn", was bedeutet, dass der Schmerz des Opfers durch gleichen Schmerz kompensiert werden soll. Diese Kompensation kann jedoch niemals eine zufriedenstellende Lösung sein, denn sie kann bereits verübte Taten nicht rückgängig machen, sie führt also zu einem insgesamt noch größeren Wohlfahrtsverlust, weil nicht nur dem Opfer, sondern auch dem Täter zusätzlich geschadet wird. Vergeltung kann also im Täter-Opfer-Verhältnis keine Vorteile bringen, da kein Ausgleich erfolgt, sondern lediglich eine Kompensation. Im gesellschaftlichen Rahmen nun müssen aber die Moralgrundsätze der betreffenden Gesellschaft eine Rolle spielen: Wenn durch die Gesellschaft Vergeltung als Rache verlangt wird, weil es für sie das vorherrschende Modell des Ausgleichs ist, dann würde dies bedeuten, dass Vergeltung nicht nur „Freude" bei dem Opfer oder möglicherweise Angehörigen erzeugt, sondern auch bei einer größeren Masse von anderen Menschen. Dies würde zu einem Vorteil der Vergeltung gegenüber der nicht-Vergeltung führen und somit die Vergeltung rechtfertigen. Wenn man nun jedoch das gesellschaftliche Optimum als das Pareto-Optimum betrachtet, dann würde die Vergeltung nicht als Aspekt zur Rechtfertigung eines Strafmaßes angemessen sein, denn das Pareto-Optimum bezeichnet den Punkt, an welchem kein Mitglied einer Gesellschaft mehr besser gestellt werden kann, ohne ein anderes Mitglied der gleichen Gesellschaft schlechter zu stellen. Diese Definition steht im Konflikt mit dem Kompensationsansatz, bei dem mindestens der Täter und möglicherweise andere durch Vergeltung schlechter gestellt werden um mindestens das Opfer und möglicherweise andere besser zu stellen. Überhaupt wäre die Vergeltung durch die Todesstrafe nur dann denkbar, wenn es sich von vornherein bei der Straftat um einen Mord handelt, da ansonsten andere Vergeltungsmaßnahmen „angebracht" wären. Insgesamt lässt sich also folgern, dass die Todesstrafe genau dann durch einen utilitaristischen Standpunkt gerechtfertigt wird, wenn empirisch nachweisbar ist, dass die Abschreckung tatsächlich einen Netto-Wohlfahrtsgewinn im Sinne der „Rettung" potentieller Opfer hervorruft und selbst dann wäre es nicht undenkbar, dass Erfolge durch Resozialisierungsmaßnahmen einen noch größeren Wohlfahrtsgewinn bedeuten würde, da somit ein weiteres, „gutes" Leben „gewonnen" wird, jedoch bringt der Sozialisierungsversuch und eine mögliche Freilassung Risiken mit sich, in Bezug auf die öffentliche Sicherheit, weshalb quantifiziert werden müsste, ob die potentiellen Vorteile die potentiellen Nachteile aufwiegen. Wenn diese Bilanz nicht zu Gunsten von „Pleasure" ausfällt, ist die Todesstrafe in dieser Argumentationslinie nicht zu rechtfertigen. Der verhaltensökonomische Ansatz beschäftigt sich näher mit dem Abschreckungspotential und folgert daraufhin sehr spezifisch, welche Situationen die Todesstrafe als sinnvoll erscheinen lassen und welche nicht.

Verhaltensökonomischer Ansatz

Die Frage, die bei einer Verhaltensökonomischen Betrachtung im Vordergrund steht ist die Frage nach der Abschreckung. Ziel einer Strafe und somit auch der Todesstrafe muss es sein, dass Verhalten der Menschen, in diesem Fall also potentieller Straftäter so zu beeinflussen, dass sie die Strafhandlung nicht ausführen. Es handelt sich hierbei also um eine Überlegung, die die Frage der Bestrafung als Mittel zur Zurechtweisung moralischen Fehlverhaltens völlig vernachlässigt und sich ausschließlich mit dem verbundenen, rationalen Verhalten der Menschen befasst. Es kann davon ausgegangen werden, dass sich auch Straftäter rational verhalten, selbst wenn sie dies aus irrationalen Motiven heraus tun. So ist anzunehmen, dass die Entscheidung eine Straftat zu begehen mit wesentlichen Faktoren verbunden ist: So das Risiko entdeckt zu werden und das Strafmaß, welches damit verbunden wäre. Da es sich um eine grundsätzlich Ökonomische Überlegung handelt, muss hier die Marginalität angewendet werden: Dementsprechend handelt es sich um eine Frage des maximal zu erwartenden Strafmaßes im Vergleich zum minimal zu erwartenden Gewinn. Wenn dieser minimal zu erwartende Gewinn in den Augen des Straftäters mehr wert ist als die maximal zu erwartende Bestrafung, dann ist es rational sinnvoll die Straftat zu begehen. Nun könnte argumentiert werden, dass nach diesem Ansatz Falschparkern mit der Todesstrafe begegnet werden müsste und oberflächlich gesehen, könnte dieser Folgerung niemand wiedersprechen. Dies würde vermutlich dazu führen, dass niemand mehr falsch parkt. Jedoch würde es auch vermutlich zu massiven Mordanschlägen auf Politessen kommen, um das Entdecken der Straftat zu verhindern, da ja ohnehin die Todesstrafe droht und insofern der mögliche Gewinn maximal und der maximale Verlust null ist. Es verhält sich mit allen Verbrechen so, bis auf Tötungsdelikte. Wenn auf Mord die Todesstrafe verhängt wird, so wird dies dazu führen, dass die rationale Überlegung des maximalen Verlustes gegenüber dem minimalen Gewinn einer Straftat neu bewertet werden muss, der rational denkende Kriminelle wird sich in vielen Fällen gegen den Mord entscheiden, da die Strafe zu groß ist. Die Abschreckung funktioniert also in solchen Fällen, in denen es ohnehin um Mord geht. Die von einigen geforderte Todesstrafe bei Sexualdelikten jedoch ist aus dieser Position heraus keinesfalls konstruktiv: So würde die Todesstrafe in noch größerem Maße Morde zum Schutze der Identität des Mörder bedingen, da die Todesstrafe ja nur einmal vollstreckt werden kann, gibt es also keinen Anreiz das Opfer nicht zu töten, während dieser gegeben ist, sollte für den Sexualdelikt eine geringere Strafe verhängt werden. Ein verhaltensökonomischer Ansatz besagt also oberflächlich, dass je härter das Strafmaß gewählt wird, entsprechend die Anzahl der Verbrechen sinkt. Bei näherem Betrachten wird jedoch das Konzept der marginalen Abschreckung als notwendig deutlich: Die zusätzliche Abschreckung, die durch eine weitere Erhöhung der Strafe bedingt wird. Dieser Ansatz führt dazu, dass die Todesstrafe nur bei Mordfällen sinnvoll ist, da hier die maximale Abschreckung durch maximale Strafe erzielt wird. Wenn nun aber die Todesstrafe auf Falschparken verhängt würde, so würde die Abschreckung in Bezug auf das Falschparken nicht maximal sein, da es rational wäre, bei Falschparken die Politesse zu ermorden, um nicht entdeckt zu werden, es wird also durch härtere Bestrafung hier keine weitere Abschreckung erzielt, sondern vielmehr eine Motivation für eine viel schlimmere Straftat erzeugt, genauso verhält es sich mit sämtlichen Delikten, die nicht einen Mord involvieren, was bedeutet, dass durch das Abschreckungspotential nur die Todesstrafe für Mörder gerechtfertigt wird, nicht aber für andere Straftäter.

Aristoteles Tugendethik

Die Tugendethik nach Aristoteles strebt grundsätzlich den Ausgleich der Extreme an. Insofern ist also eine Tugend vernunftbestimmte Haltung, die nachhaltig und preferabel ist. Für jeden Handlungsbereich lassen sich dementsprechend Tugenden festlegen, die sich aus den möglichen Handlungsextremen ergeben. Daraus lässt sich schließen, dass auch für den Bereich der Bestrafung Tugenden festgelegt werden können. Nun können als grundsätzliche Handlungsextreme die Nicht-Bestrafung sowie die Todesstrafe angesehen werden. Da nun aber eine Differenzierung zwischen diesen Extremen erfolgen muss, weil der Minimalrahmen nicht für jedes Verbrechen eine Nicht-Bestrafung und der Maximalrahmen nicht stets die Todesstrafe sein kann, wird das erste Problem deutlich. Wo sollen diese Strafintervalle liegen, was wird allgemein als Handlungsrahmen angesehen. Es wäre nun geopolitisch unterschiedlich, wie diese Rahmen definiert werden würden. Deshalb ist dieser Argumentationsweg für eine theoretische Betrachtung ungeeignet. Was jedoch deutlich wird ist, da die Todesstrafe ein absolutes Handlungsextrem ist, diese niemals Tugend sein kann, weil sie niemals ein „Mittelweg" sein kann. Nun wäre es jedoch möglich zu argumentieren, dass es Mittelwege innerhalb des eigenen Intervalls Todesstrafe gäbe: So könnten als Intervallgrenzen humane und inhumane Hinrichtungsmethoden gewählt werden und der Mittelweg würde entsprechend bestimmt werden. Für diesen Fall jedoch sieht die Tugendethik nach Aristoteles einen Sonderfall vor: Da diese Art Problematik im Grunde nur dann auftritt, wenn es sich eine bestimmte Art von Handlungen mit äußerster Konsequenz handelt, gibt es nach Aristoteles Handlungen, die von vornherein schlecht sind, dazu zählen z.B. Mord und Ehebruch, da diese der Natur des Menschen entgegen stehen. Das Töten von Menschen steht der Natur des Menschen entgegen, was insofern zusätzlich bekräftigt, dass die Todesstrafe aus Sicht der Tugendethik von Aristoteles nicht angewendet werden dürfte, einerseits, weil für sie keine mittlere Handlungstugend ermittelt werden kann, andererseits, weil das Töten von vornherein eine negative Handlung ist, die der Natur des Menschen entgegen gerichtet ist.

Peter Singer

Eine aktuelle Argumentation Peter Singers richtet sich vehement gegen die Todesstrafe, vor allem in Bezug auf die USA (jedoch lassen sich hier auch allgemeine Positionen ableiten), vor allem im Lichte der Hinrichtung eines möglicherweise Unschuldigen in den Vereinigten Staaten 2011. Er begegnet dem Vertrauen in ein Justizsystem mit dem konkreten Fall eines zu lebenslanger Haft Verurteilten, der nach 25 Jahren freigelassen wurde, nachdem zusätzliche DNA-Beweise ihn entlasteten. Dies zeige, dass auch im Fall der Todesstrafe nicht absolute Gewissheit über die Schuld eines Täters gegeben sein könne. Singer bezieht sich damit also auf das Risiko, Unschuldige hinzurichten, was aus seiner Sicht, solange es in noch so kleiner Form besteht, nicht tolerierbar ist, weswegen die Todesstrafe als solche nicht tolerierbar ist. Er nimmt damit eine Position ein, die sich daran orientiert, moralisch zu handeln und dabei die Menschenrechte als universelle Moralgrundlage zu akzeptieren, die mögliche Hinrichtung Unschuldiger ist insofern unmoralisch, zumal die Hinrichtung als solche ohnehin als Menschenrechtsverletzung angesehen werden muss. Er kritisiert weiterhin die Bedingungen die die „Todeskandidaten" erwarten: Im Durchschnitt beträgt die Wartezeit auf die Hinrichtung in den Vereinigten Staaten 15 Jahre – diese Unsicherheit und diese „'barbarischen' Bedingungen" seien unmenschlich. Neben diesen Punkten geht Singer auch darauf ein, dass die USA das einzige westliche Industrieland sind, welches noch die Todesstrafe für Mord vollstrecke und dass der einzige europäische Staat, der dies tue Weißrussland sei, welches jedoch der Missachtung grundlegender Menschenrechte beschuldigt wird. Insofern argumentiert Singer deutlicher und weist darauf hin, dass die Mordraten in Europa und anderen westlichen Industriestaaten, trotz der nicht angewandten Todesstrafe niedriger seien und dass selbst in den USA die 16 Staaten, die die Todesstrafe abgeschafft haben, niedrigere Mordraten als die übrigen hätten. Singer weißt hier also auf die konkreten statistischen Daten hin und leitet insofern zunächst in Bezug auf die Menschenrechte den unmoralischen Charakter der Todesstrafe her, geht dann jedoch auch darauf ein, dass, was durch die genannten Fakten belegt werden soll, der Abschreckungseffekt, wie ihn zum Beispiel Gary S. Becker anführt, nicht bestehe. Es ist jedoch anzumerken, dass Becker mit anderen Zahlen seine Argumentation ebenfalls untermauerte. Singer geht davon aus, dass es insofern nicht um Abschreckung, sondern vielmehr um Vergeltung gehe, was insofern auch bei Anlegen aller vorherigen Standpunkte keine hinreichende Rechtfertigung wäre (außer es wird von bestimmten Vorrausetzungen bei einer utilitaristischen Herangehensweise aus). Er versucht seine Argumentation damit zu bestärken, dass oft Mitglieder der Opferfamilie bei Exekutionen anwesend seien und laut seiner Aussage Genugtuung nach der Hinrichtung äußern. Zwar ist dieser Punkt Singers grundsätzlich schlüssig, jedoch ist sein Argument deduktiv nicht valide. Es kann nicht davon ausgegangen werden, dass grundsätzlich die Genugtuung der Opferfamilie auf ein grundsätzliches Vergeltungsmotiv bei der Todesstrafe schließen lässt, denn die Genugtuung würden die Angehörigen auch empfinden, wenn der Zweck der Todesstrafe Abschreckung wäre. Davon abgesehen ist davon auszugehen, dass die unmittelbaren Opfer-Angehörigen in der Gesellschaft und auch an entscheidenden Stellen unterrepräsentiert sind, was ein direktes Vergeltungsmotiv als Grund für die Todesstrafe zumindest aus Singers Beschreibung heraus eher vage erscheinen lässt. Fraglich ist jedoch inwiefern ein Kollektives-Vergeltungsbewusstsein in der Gesellschaft eine Rolle spielt. Am Ende seiner Argumentation, die aufgrund starken Tendenzen zu induktiven Kausalketten eher als Standpunkt bezeichnet werden muss, weist Singer auf das Paradoxon hin, dass die Todesstrafe, die am meisten Zustimmung und Verteidigung in den US-Südstaaten erhält und hier eigentlich, aus moralischen Gründen, am deutlichsten abgelehnt werden müssten, da z.B. massive Kampagnen zum Verbot von Abtreibungen stattfinden und so genannte „Pro-Life"-Initiativen aktiv gegen eine liberalere

Gesetzgebung bei dieser Thematik vorgehen, in den Südstaaten jedoch am stärksten verteidigt wird. Diese Position zum Schutz des Lebens als solches, also eine Position die durchaus auch mit dem kategorischen Imperativ vereinbar ist, müsste eigentlich auch den Schutz des Lebens im Falle der Todesstrafe als Ziel mit sich bringen. Singers Position ist zwar begründet, er zieht sich jedoch auf die Menschenrechte und die menschliche Moral als Ansätze zurück und zeigt keine theoretisch-kausale Argumentation auf, vielmehr geht er auf konkrete Beispiele auf, aus denen sich zum Teil theoretische Positionen ableiten lassen. Singer ist somit ein klarer Gegner der Todesstrafe und wirft Fragen über die Rechtfertigung der Todesstrafe, vorrangig in den USA, auf. Er entkräftet jedoch nicht klar und eindeutig Abschreckungsansätze die zu gegenteiligen Schlussfolgerungen kommen.

Eigene Position

Ich persönlich habe keine eindeutige und klare Position zur Thematik der Todesstrafe. Sowohl Abschreckungsansätze, soweit sie denn empirisch untermauert werden können, als auch Moralansätze erschließen sich mir, insofern, als dass ich beide grundsätzlichen Seiten für schlüssig halte. Ich glaube, dass die Frage der Todesstrafe immer und vor allem auch eine Frage der lokalen Kultur ist. Ich halte die Todesstrafe z.B. in Deutschland für nicht anwendbar und würde sie auch als grundfalsch ansehen, da Deutschland in aufklärerischer Tradition von den Theorien Kants geprägt ist und insofern ein soziales, gesellschaftliches Moral-Konstrukt als Grundlage des Zusammenlebens verfolgt welches die Todesstrafe nicht akzeptieren kann. Da auch ich diese Grundsätze akzeptiere und würdige, halte ich die Todesstrafe in Deutschland und erweitert in Europa nicht für angemessen oder denkbar. Die Argumentationsebene der Rache erschließt sich mir jedoch nicht, da Rache niemals positive Effekte zum Ausgleich hervorruft, sondern den Versuch unternimmt, Negatives mit Negativem auszugleichen. Insofern steht für mich persönlich also die Komponente der Tugendethik im Vordergrund.

Wenn wir nun aber den regionalen Rahmen verlassen, so kann ich nicht behaupten, dass ich grundsätzlich für eine weltweite Abschaffung der Todesstrafe plädiere. Es mag opportunistisch erscheinen, mit zwei Maßstäben zu messen, jedoch glaube ich, dass die individuelle Historie und kulturelle Beschaffenheit verschiedener Kulturkreise und Länder dazu führt, dass diese nicht zwingend von den gleichen Standpunkten aus gesehen werden können. So gibt es empirische Hinweise auf den Abschreckungseffekt durch die Todesstrafe, wodurch es mir schwer fällt in einem anderen Rahmen, der die Todesstrafe grundsätzlich zulässt, gegen sie zu argumentieren, da der Schutz unschuldigen Lebens hier einen Moralkonflikt hervorruft. So halte ich vor allem das Konzept, welches Gary S. Becker begründete, den Ansatz der Verhaltensökonomie, für äußerst überzeugend und sehr klar belegt und begründet, weswegen ich es für schwierig halte, eine Position als klare Wahrheit herauszustellen.

Alles in allem kann ich meine Position als ambivalent bezeichnen und sehe sowohl Vor- als auch Nachteile in der Todesstrafe. Grundsätzlich sind jedoch die theoretischen Argumentationen so deutlich, dass sich eine Tendenz zu einer nur bedingt einsetzbaren Strafform herauskristallisiert, also nur bei Mordverbrechen oder einer kompletten Ablehnung der Todesstrafe. Jedoch sind für diese Varianten starke Gegenargumente vorhanden, so dass es zu simpel wäre, eine eindeutige Aussage zu tätigen.

Fazit

Abschließend kann sicherlich der Schluss gezogen werden, dass die Todesstrafe ein äußerst kontroverses Thema ist, welches verschiedene Standpunkte zulässt, jedoch auch unserer europäischen Sicht vor allem Gegner findet. Die Abschaffung der Todesstrafe ist ein Phänomen des 20. Und 21. Jahrhunderts und allgemein mit der Aufklärung, den sich-entwickelnden Menschenrechten und neuen Ansätzen der Bestrafung verbunden. Insofern muss sicherlich noch weitere Zeit vergehen, bis sich Positionen klarer darstellen, vor allem in Bezug auf Schwellenländer, die schrittweise zu Industrieländern werden, was oftmals auch eine Liberalisierung des Strafrechts mit sich bringt. Jedoch sind teilweise fundamental andere Ansätze in Anwendung, die durch verschiedene Argumentationen die Todesstrafe rechtfertigen. Inwiefern die Todesstrafe nun eine gerechtfertigte Bestrafung ist, hängt sicherlich auch von dem individuellen Hintergrund des Betrachters sowie vom kulturellen Hintergrund des betrachteten Gebiets ab. Es lassen sich sowohl auf der Pro-Seite, vor allem im utilitaristisch-verhaltensökonmischen Bereich, sowie auf der Contra-Seite, vor allem in der Tugendethik Aristoteles' und dem Kant'schen Kategorischen Imperativ, valide Kausalketten entwickeln, obwohl anzumerken ist, dass die Contra-Seite, zumindest in den hier angeführten Argumentationen, stärker auf empirische Beobachtungen angewiesen ist, da sie aus einer pragmatischeren Perspektive heraus argumentiert und weniger allgemeine Moralgrundsätze zu Rate zieht.

Diese Kontroverse wird hoch-emotional geführt, da es sich oftmals um menschliche Grundsatzkonflikte handelt, die diskutiert werden und ein gesamtes Weltbild nach sich ziehen. Wenn jedoch eine Debatte aus ethischen Gesichtspunkten, auf Basis anerkannter Theorien erfolgen kann, die insofern zumindest so objektiv wie möglich ist, dann wird deutlich, dass es verschiedene Ansätze und auch verschiedene Grundsatzpositionen gibt, die jedoch beachtet werden müssen, da ansonsten die Gefahr eines Konfliktes besteht, denn auch diese Positionen sind letztendlich niemals die absolute Wahrheit und verschiedene Auffassungen bedingen verschiedenen Umgang in verschiedenen Spannungsfeldern.

Quellen

http://www.zeit.de/online/2009/13/china-hinrichtungen

http://www.amnesty-todesstrafe.de/files/ACT50-001-2011.pdf

http://de.wikipedia.org/wiki/Todesstrafe#L.C3.A4nderliste

http://de.wikipedia.org/wiki/Hinrichtung

Lehrbuch S.176-182

Unterrichtsmaterial

http://dejure.org/gesetze/GG/102.html

http://de.wikipedia.org/wiki/Verfassung_des_Landes_Hessen

Tim Harford, "The logic of life", Abacus Verlag

http://www.un.org/depts/german/grunddok/ar217a3.html

http://de.humanrights.com/what-are-human-rights/brief-history/cyrus-cylinder.html

http://www.ethikwerkstatt.de/Kategorischer_Imperativ.htm#Gesetzesformel

http://de.wikipedia.org/wiki/Kategorischer_Imperativ

http://www.todesstrafe.de/artikel/28/Vergehen_die_in_China_mit_der_Todesstrafe_geahndet_werden!.html

http://de.wikipedia.org/wiki/Todesstrafe_in_den_Vereinigten_Staaten

http://home.foni.net/~chese/tod-praxisusa.htm

http://de.wikipedia.org/wiki/Todesstrafe#Singapur

http://de.wikipedia.org/wiki/Todesstrafe#Singapur

http://www.project-syndicate.org/commentary/singer79/German